ㄒРΛЛᄃしΛㄒと

Translated Language Learning

The Nightingale and the Rose

Соловей и роза

Oscar Wilde

English / Русский

Copyright © 2023 Tranzlaty
All rights reserved.
ISBN: 978-1-83566-010-2
Original text by Oscar Wilde
The Nightingale and the Rose
Written in 1888 in English
www.tranzlaty.com

The Nightingale and the Rose
Соловей и роза

'She said that she would dance with me if I brought her red roses'
«Она сказала, что будет танцевать со мной, если я принесу ей красные розы»
'but in all my garden there is no red rose' cried the young Student
— Но во всем моем саду нет ни одной красной розы, — воскликнул молодой студент
from her nest in the holm-oak tree the nightingale heard him
Из своего гнезда в каменном дубе соловей услышал его
and she looked out through the leaves, and wondered
Она смотрела сквозь листву и удивлялась

'No red rose in all my garden!' he cried
«Ни одной красной розы во всем моем саду!» — воскликнул он
and his beautiful eyes filled with tears
и его прекрасные глаза наполнились слезами
'On what little things does happiness depend!'
«От каких мелочей зависит счастье!»
'I have read all that the wise men have written'
«Я прочитал все, что написали мудрецы»
'all the secrets of philosophy are mine'
«Все тайны философии — мои»
'yet for want of a red rose my life is made wretched'
«Но из-за отсутствия красной розы моя жизнь несчастна»

'Here at last is a true lover,' said the nightingale
— Вот наконец-то настоящий любовник, — сказал соловей
'Night after night have I sung of him, though I knew him not'
«Ночь за ночью я пел о нем, хотя и не знал его»
'Night after night have I told his story to the stars'
«Ночь за ночью я рассказывал его историю звездам»

'and now I see him'
«И теперь я вижу его»

'His hair is as dark as the hyacinth-blossom'
«Волосы у него темные, как цветок гиацинта»
'and his lips are as red as the rose of his desire'
«И уста его красны, как роза его желания»
'but passion has made his face like pale Ivory'
«Но страсть сделала лицо его бледным, как слоновая кость»
'and sorrow has set her seal upon his brow'
«И печаль наложила печать свою на чело его»

'The Prince has organized a ball tomorrow,' said the young student
— Принц устроил завтра бал, — сказал молодой студент
'and my love will be there'
«И моя любовь будет там»
'If I bring her a red rose, she will dance with me'
«Если я принесу ей красную розу, она будет танцевать со мной»
'If I bring her a red rose, I will hold her in my arms'
«Если я принесу ей красную розу, я буду держать ее на руках»
'and she will lean her head upon my shoulder'
«И она положит голову свою мне на плечо»
'and her hand will be clasped in mine'
«И рука ее будет сжата в моей»

'But there is no red rose in my garden'
«Но в моем саду нет красной розы»
'so I will sit lonely'
«Так что я буду сидеть в одиночестве»
'and she will go past me'
«И она пройдет мимо меня»
'She will have no heed of me'
«Она не обратит на меня внимания»

'and my heart will break'
«И сердце мое разобьется»

'Here indeed is the true lover,' said the nightingale
— Вот истинный любовник, — сказал соловей
'What I sing of he suffers'
«То, о чем я пою, он страдает»
'what is joy to me is pain to him'
«Что для меня радость, то для него боль»
'Surely love is a wonderful thing'
«Воистину, любовь — прекрасная вещь»
'love is more precious than emeralds'
«Любовь дороже изумрудов»

'and love is dearer than fine opals'
«А любовь дороже прекрасных опалов»
'Pearls and pomegranates cannot buy love'
«Жемчугом и гранатом любовь не купишь»
'nor is love sold in the market-place'
«И любовь не продается на рынке»
'love can not be bought from merchants'
«Любовь у торговцев не купишь»
'nor can love be weighed on a balance for gold'
«И любовь не может быть взвешена на весах за золото»

'The musicians will sit in their gallery,' said the young student
«Музыканты будут сидеть в своей галерее», — сказал молодой студент
'and they will play upon their stringed instruments'
«И они будут играть на своих струнных инструментах»
'and my love will dance to the sound of the harp'
«И моя любовь будет танцевать под звуки арфы»
'and she will dance to the sound of the violin'
«И она будет танцевать под звуки скрипки»
'She will dance so lightly her feet won't touch the floor'

«Она будет танцевать так легко, что ее ноги не коснутся пола»

'and the courtiers will throng round her'
«И придворные будут толпиться вокруг нее»
'but she will not dance with me'
«Но она не будет танцевать со мной»
'because I have no red rose to give her'
«Потому что у меня нет красной розы, чтобы подарить ей»
he flung himself down on the grass
Он бросился на траву
and he buried his face in his hands and wept
Он закрыл лицо руками и заплакал

'Why is he weeping?' asked a little Green Lizard
«Почему он плачет?» — спросила маленькая Зеленая Ящерица
while he ran past with his tail in the air
в то время как он пробежал мимо, подняв хвост
'Why indeed?' said a Butterfly
«Почему?» — спросила Бабочка
while he was fluttering about after a sunbeam
пока он порхал за солнечным лучом,
'Why indeed?' whispered a daisy to his neighbour in a soft, low voice
«В самом деле, почему?» — прошептала маргаритка своему соседу мягким, низким голосом

'He is weeping for a red rose,' said the nightingale
— Он плачет по красной розе, — сказал соловей
'For a red rose!?' they exclaimed
«За красную розу!» — воскликнули они
'how very ridiculous!'
— Как нелепо!
and the little Lizard, who was something of a cynic, laughed outright

и маленькая ящерица, которая была в некотором роде циником, громко рассмеялась

But the nightingale understood the secret of the student's sorrow
Но соловей понял тайну печали студента
and she sat silent in the oak-tree
И она молча сидела на дубе
and she thought about the mystery of love
И она думала о тайне любви
Suddenly she spread her brown wings
Вдруг она расправила свои коричневые крылья
and she soared into the air
И она взмыла в воздух

She passed through the grove like a shadow
Она прошла через рощу, как тень
and like a shadow she sailed across the garden
И, как тень, она плыла по саду
In the centre of the garden was a beautiful rose-tree
В центре сада росло красивое розовое дерево
and when she saw the rose-tree, she flew over to it
Увидев розовое дерево, она подлетела к нему
and she perched upon a twig
и она села на ветку

'Give me a red rose,' she cried
— Дай мне красную розу, — воскликнула она
'give me a red rose and I will sing you my sweetest song'
«Дай мне красную розу, и я спою тебе свою самую сладкую песню»
But the Tree shook its head
Но Древо покачало головой
'My roses are white,' the rose-tree answered
— Мои розы белые, — ответила роза

'as white as the foam of the sea'
«Белый, как пена морская»
'and whiter than the snow upon the mountain'
«И белее, чем снег на горе»
'But go to my brother who grows round the old sun-dial'
«Но иди к моему брату, который растет вокруг старых солнечных часов»
'perhaps he will give you what you want'
«Может быть, он даст тебе то, что ты хочешь»

So the nightingale flew over to his brother
И прилетел соловей к брату
the rose-tree growing round the old sun-dial
Розовое дерево, растущее вокруг старых солнечных часов
'Give me a red rose,' she cried
— Дай мне красную розу, — воскликнула она
'give me a red rose and I will sing you my sweetest song'
«Дай мне красную розу, и я спою тебе свою самую сладкую песню»
But the rose-tree shook its head
Но розовое дерево покачало головой
'My roses are yellow,' the rose-tree answered
— Мои розы желтые, — ответила роза

'as yellow as the hair of a mermaid'
«Желтый, как волосы русалки»
'and yellower than the daffodil that blooms in the meadow'
«И желтее, чем нарцисс, цветущий на лугу»
'before the mower comes with his scythe'
«Пока не пришел косилка со своей косой»
'but go to my brother who grows beneath the student's window'
«Но иди к моему брату, который растет под окном ученика»
'and perhaps he will give you what you want'
«И, может быть, он даст тебе то, что ты хочешь»

So the nightingale flew over to his brother
И прилетел соловей к брату
the rose-tree growing beneath the student's window
Розовое дерево, растущее под окном студента
'give me a red rose,' she cried
— Дай мне красную розу, — воскликнула она
'give me a red rose and I will sing you my sweetest song'
«Дай мне красную розу, и я спою тебе свою самую сладкую песню»
But the rose-tree shook its head
Но розовое дерево покачало головой

'My roses are red,' the rose-tree answered
— Мои розы красные, — ответила роза
'as red as the feet of the dove'
«Красный, как ноги голубя»
'and redder than the great fans of coral'
«И краснее, чем у больших поклонников кораллов»
'the corals that sway in the ocean-cavern'
«Кораллы, которые колышутся в океанской пещере»

'But the winter has chilled my veins'
«Но зима прохолодила мои вены»
'and the frost has nipped my buds'
«И мороз пощипал мои бутоны»
'and the storm has broken my branches'
«И буря сломала ветви мои»
'and I shall have no roses at all this year'
«И в этом году у меня совсем не будет роз»

'One red rose is all I want,' cried the nightingale
— Одна красная роза — это все, что мне нужно, — воскликнул соловей
'Is there no way by which I can get it?'
— Неужели я не могу получить его?
'There is a way' answered the rose-tree'

— Путь есть, — ответила роза.
'but it is so terrible that I dare not tell you'
«Но это так ужасно, что я не смею вам сказать»
'Tell it to me' said the nightingale
— Расскажи мне, — сказал соловей
'I am not afraid'
«Я не боюсь»

'If you want a red rose,' said the rose-tree
— Если хочешь красную розу, — сказала роза
'if you want a red rose you must build the rose out of music'
«Если вы хотите красную розу, вы должны построить розу из музыки»
'while the moonlight shines upon you'
«Пока лунный свет светит тебе»
'and you must stain the rose with your own heart's blood'
«И ты должен запятнать розу кровью своего сердца»

'You must sing to me with your breast against a thorn'
«Ты должен петь мне, прижавшись грудью к колючке»
'All night long you must sing to me'
«Всю ночь напролет ты должен петь мне»
'the thorn must pierce your heart'
«Шип должен пронзить твое сердце»
'your life-blood must flow into my veins'
«Твоя кровь должна течь в моих жилах»
'and your life-blood must become my own'
«И твоя кровь должна стать моей»

'Death is a high price to pay for a red rose,' cried the nightingale
— Смерть — это высокая цена за красную розу, — воскликнул соловей
'life is very dear to all'
«Жизнь очень дорога всем»
'It is pleasant to sit in the green wood'

«Приятно сидеть в зеленом лесу»
'it is nice to watch the sun in his chariot of gold'
«Приятно смотреть на солнце в его золотой колеснице»
'and it is nice to watch the moon in her chariot of pearl'
«И приятно смотреть на луну в ее жемчужной колеснице»

'sweet is the scent of the hawthorn'
«Сладкий аромат боярышника»
'sweet are the bluebells that hide in the valley'
«Сладки колокольчики, что прячутся в долине»
'and sweet is the heather that blows on the hill'
«И сладк вереск, что дует на холме»
'Yet love is better than life'
«Но любовь лучше жизни»

'and what is the heart of a bird compared to the heart of a man?'
— А что такое сердце птицы по сравнению с сердцем человека?
So she spread her brown wings for flight
И она расправила свои коричневые крылья для полета
and she soared into the air
И она взмыла в воздух
She swept over the garden like a shadow
Она пронеслась над садом, как тень
and like a shadow she sailed through the grove
И, как тень, она плыла по роще

The young Student was still lying in the garden
Юный студент все еще лежал в саду
and his tears were not yet dry in his beautiful eyes
и слезы еще не высохли в его прекрасных глазах
'Be happy,' cried the nightingale
— Будьте счастливы, — воскликнул соловей
'you shall have your red rose'
«Ты получишь свою красную розу»

'I will make your rose out of music'
«Я сделаю твою розу из музыки»
'while the moonlight shines upon me'
«Пока лунный свет светит на меня»

'and I will stain your rose with my own heart's blood'
«И я запятнаю твою розу кровью моего сердца»
'All that I ask of you in return is that you will be a true lover'
«Все, что я прошу от тебя взамен, это чтобы ты был настоящим любовником»
'because love is wiser than Philosophy, though she is wise'
«потому что любовь мудрее философии, хотя она и мудра»
'and love is mightier than power, though he is mighty'
«И любовь сильнее силы, хотя он и силен»

'flame-coloured are his wings'
«Огненного цвета крылья Его»
'and coloured like flame is his body'
«И окрашено, как пламя, тело его»
'His lips are as sweet as honey'
«Уста его сладки, как мед»
'and his breath is like frankincense'
«И дыхание Его, как ладан»

The Student looked up from the grass
Студент поднял глаза от травы
and he listened to the nightingale
И он слушал соловья
but he could not understand what she was saying
Но он не мог понять, что она говорит
because he only knew what he had read in books
потому что он знал только то, что читал в книгах
But the Oak-tree understood, and he felt sad
Но Дуб понял, и ему стало грустно

he was very fond of the little nightingale
Он очень любил маленького соловья
because she had built her nest in his branches
потому что она свила свое гнездо в его ветвях
'Sing one last song for me,' he whispered
— Спой мне последнюю песню, — прошептал он
'I shall feel very lonely when you are gone'
«Я буду чувствовать себя очень одиноко, когда тебя не станет»
So the nightingale sang to the Oak-tree
И запел соловей дубу
and her voice was like water bubbling from a silver jar
И голос ее был подобен воде, бурлящей из серебряного кувшина

When she had finished her song the student got up
Когда она закончила свою песню, студентка встала
and he pulled out a note-book
И он вытащил записную книжку
and he found a lead-pencil in his pocket
И он нашел в кармане карандаш
'She has form,' he said to himself
«У нее есть форма», — сказал он себе
'that she has form cannot be denied to her'
«В том, что у нее есть форма, ей нельзя отказать»
'but does she have feeling?'
— Но есть ли у нее чувства?
'I am afraid she has no feeling'
«Боюсь, у нее нет чувств»

'In fact, she is like most artists'
«На самом деле, она такая же, как и большинство художников»
'she is all style, without any sincerity'
«Она вся стильная, без всякой искренности»
'She would not sacrifice herself for others'

«Она не пожертвовала бы собой ради других»
'She thinks merely of music'
«Она думает только о музыке»
'and everybody knows that the arts are selfish'
«И все знают, что искусство эгоистично»

'Still, it must be admitted that she has some beautiful notes'
«Тем не менее, надо признать, что у нее есть прекрасные ноты»
'it's a pity her song does not mean anything'
«Жаль, что ее песня ничего не значит»
'and it's a pity her song is not useful'
«И жаль, что ее песня бесполезна»
And he went into his room
И он пошел в свою комнату
and he lay down on his little pallet-bed
И он лег на свою маленькую лежанку
and he began to think of his love until he fell asleep
И он начал думать о своей любви, пока не заснул

And when the moon shone in the heavens the nightingale flew to the Rose-tree
И когда луна засияла на небе, соловей прилетел к Розовому дереву
and she set her breast against the thorn
И она приложила грудь свою к тернию
All night long she sang with her breast against the thorn
Всю ночь напролет она пела, прижавшись грудью к колючке
and the cold crystal Moon leaned down and listened
и холодная хрустальная Луна наклонилась и прислушалась
All night long she sang
Всю ночь напролет она пела
and the thorn went deeper and deeper into her breast
И шип все глубже и глубже входил в ее грудь
and her life-blood ebbed away from her
И кровь ее покинула

First she sang of the birth of love in the heart of a boy and a girl
Сначала она пела о рождении любви в сердце мальчика и девочки
And on the topmost branch of the rose-tree there blossomed a marvellous rose
А на самой верхней ветке розового дерева цвела чудесная роза
petal followed petal, as song followed song
лепесток следовал за лепестком, как песня за песней
At first the rose was still pale
Сначала роза была еще бледной

as pale as the mist that hangs over the river
Бледный, как туман, висящий над рекой
as pale as the feet of the morning
Бледный, как утренние ноги
and as silver as the wings of dawn
И серебряный, как крылья зари,
As pale the shadow of a rose in a mirror of silver
Как бледна тень розы в серебряном зеркале
as pale as the shadow of a rose in a pool of water
бледный, как тень розы в бассейне с водой

But the Tree cried to the nightingale;
Но Дерево взывало к соловью;
'Press closer, little nightingale, or the day will come before the rose is finished'
«Прижмись ближе, соловей, или наступит день, прежде чем роза закончит»
So the nightingale pressed closer against the thorn
И соловей прижался к колючке покрепче
and her song grew louder and louder
И ее песня становилась все громче и громче

because she sang of the birth of passion in the soul of a man and a maid
потому что она пела о рождении страсти в душе мужчины и служанки

And the leaves of the rose flushed a delicate pink
И листья розы вспыхнули нежно-розовым цветом
like the flush in the face of the bridegroom when he kisses the lips of the bride
как румянец на лице жениха, когда он целует в губы невесту
But the thorn had not yet reached her heart
Но колючка еще не дошла до ее сердца
so the rose's heart remained white
Так что сердце розы оставалось белым
because only a nightingale's blood can crimson the heart of a rose
Потому что только соловьиная кровь может окрасить сердцевину розы

And the Tree cried to the nightingale;
И закричало Дерево соловью;
'Press closer, little nightingale, or the day will come before the rose is finished'
«Прижмись ближе, соловей, или наступит день, прежде чем роза закончит»
So the nightingale pressed closer against the thorn
И соловей прижался к колючке покрепче
and the thorn touched her heart
и шип коснулся ее сердца
and a fierce pang of pain shot through her
и жестокая боль пронзила ее

Bitter, bitter was the pain
Горькой, горькой была боль
and wilder and wilder grew her song
И все более и более дикая росла ее песня

because she sang of the love that is perfected by death
Потому что она пела о любви, совершенной смертью
she sang of the love that does not die in life
Она пела о любви, которая не умирает в жизни
she sang of the love that does not die in the tomb
Она пела о любви, которая не умирает в могиле
And the marvellous rose became crimson like the rose of the eastern sky
И дивная роза стала багровой, как роза восточного неба
Crimson was the girdle of petals
Малиновый был поясом лепестков
as crimson as a ruby was the heart
Багровым, как рубин, было сердце

But the nightingale's voice grew fainter
Но голос соловья становился все тише
and her little wings began to beat
И ее крылышки забились,
and a film came over her eyes
и пленка попала ей на глаза
fainter and fainter grew her song
Все слабее и слабее звучала ее песня
and she felt something choking her in her throat
И она почувствовала, как что-то душит ее в горле
then she gave one last burst of music
Затем она издала последний всплеск музыки

the white Moon heard it, and she forgot the dawn
Услышала его белая Луна, и она забыла о рассвете
and she lingered in the sky
И она задержалась в небе
The red rose heard it
Красная роза услышала это
and the rose trembled with ecstasy
И роза затрепетала от экстаза
and the rose opened its petals to the cold morning air

И роза раскрыла свои лепестки холодному утреннему воздуху

Echo carried it to her purple cavern in the hills
Эхо отнесла его в свою пурпурную пещеру в горах
and it woke the sleeping shepherds from their dreams
И он разбудил спящих пастухов ото сна
It floated through the reeds of the river
Он плыл по камышам реки
and the rivers carried its message to the sea
И реки несли его весть к морю

'Look, look!' cried the Tree
«Смотри, смотри!» — закричало Дерево
'the rose is finished now'
«С розой покончено»
but the nightingale made no answer
Но соловей ничего не ответил
for she was lying dead in the long grass, with the thorn in her heart
Она лежала мертвая в высокой траве, с колючкой в сердце

And at noon the student opened his window and looked out
А в полдень студент открыл окно и выглянул наружу
'What a wonderful piece of luck!' he cried
«Какая чудесная удача!» — воскликнул он
'here is a red rose!'
— Вот красная роза!
'I have never seen any rose like it'
«Я никогда не видел такой розы»
'It is so beautiful that I am sure it has a long Latin name'
«Он настолько красив, что я уверен, что у него длинное латинское название»
he leaned down and plucked the rose
Он наклонился и сорвал розу

then he ran up to the professor's house with the rose in his hand
Затем он побежал к профессору с розой в руке

The professor's daughter was sitting in the doorway
В дверях сидела дочь профессора
she was winding blue silk on a reel
Она наматывала синий шелк на катушку
and her little dog was lying at her feet
а у ее ног лежала маленькая собачка
'You said that you would dance with me if I brought you a red rose'
— Ты сказала, что будешь танцевать со мной, если я принесу тебе красную розу.
'Here is the reddest rose in all the world'
«Здесь самая красная роза во всем мире»
'You will wear it tonight, next your heart'
«Ты наденешь его сегодня вечером, рядом с сердцем»
'While we dance together it will tell you how I love you'
«Пока мы танцуем вместе, он скажет тебе, как я тебя люблю»

But the girl frowned
Но девушка нахмурилась
'I am afraid it will not go with my dress'
«Я боюсь, что он не будет сочетаться с моим платьем»
'Anyway, the Chamberlain's nephew sent me some real jewels'
— Как бы то ни было, племянник камергера прислал мне настоящие драгоценности.
'and everybody knows jewels cost more than flowers'
«И все знают, что драгоценности стоят дороже цветов»
'Well, you are very ungrateful!' said the Student angrily
— Ну, вы очень неблагодарны, — сердито сказал студент
and he threw the rose into the street
И он бросил розу на улицу

and the rose fell into the gutter
И роза упала в сточную канаву,
and a cart-wheel ran over the rose
И колесо телеги проехало по розе

'Ungrateful!' said the girl
— Неблагодарная, — сказала девушка
'Let me tell you this; you are very rude'
— Позволь мне сказать тебе вот что; Вы очень грубы.
'and who are you anyway? Only a Student!'
— А кто ты вообще такой? Всего лишь студент!
'You don't even have silver buckles on your shoes'
«У вас даже серебряных пряжек на ботинках нет»
'The Chamberlain's nephew has far nicer shoes'
«У племянника камергера туфли гораздо красивее»
and she got up from her chair and went into the house
Она встала со стула и вошла в дом

'What a silly thing Love is,' said the Student, while he walked away
— Какая глупость, — сказал Студент и пошел прочь
'love is not half as useful as Logic'
«Любовь и вполовину не так полезна, как логика»
'because it does not prove anything'
«Потому что это ничего не доказывает»
'Love always tells of things that won't happen'
«Любовь всегда говорит о том, чего не будет»
'and love makes you believe things that are not true'
«И любовь заставляет верить в то, что не является правдой»
'In fact, love is quite unpractical'
«На самом деле, любовь совершенно непрактична»

'in this age being practical is everything'
«В наш век практичность — это все»
'I shall go back to Philosophy and I will study Metaphysics'
«Я вернусь к философии и буду изучать метафизику»

So he returned to his room
И он вернулся в свою комнату
and he pulled out a great dusty book
И он вытащил большую пыльную книгу
and he began to read
И он начал читать

The End - Конец

www.ingramcontent.com/pod-product-compliance
Lightning Source LLC
Chambersburg PA
CBHW011955090526
44591CB00020B/2787